Ingrid Kellner hat an der Graphischen Akademie in München studiert. Nach mehreren Aufenthalten in New York arbeitete sie in der Werbung und für verschiedene Verlage. Seit 1972 illustriert Ingrid Kellner Kinderbücher, seit 1998 schreibt sie sie auch.

Martina Mair, geboren 1971 in Freising, hat die Berufsfachschule für Grafik und Design in München besucht, bevor sie sich 1998 als freie Illustratorin selbstständig machte. Sie arbeitet für verschiedene Verlage und illustriert am liebsten Kinderbücher.

MIX
Papier aus verantwortungsvollen Quellen
FSC® C043106
FSC www.fsc.org

ellermann im Dressler Verlag GmbH · Hamburg

Erstausgabe 2005: Ellermann Verlag GmbH, Hamburg

Einband und farbige Illustrationen von Martina Mair
Reproduktion: Die Litho, Hamburg
Druck und Bindung: Grafisches Centrum Cuno, Calbe
Printed in 2014
ISBN 978-3-7707-2912-8

www.ellermann.de

Ingrid Kellner · Martina Mair

Kleine

Feen Geschichten

zum Vorlesen

ellermann im Dressler Verlag GmbH · Hamburg

Die Nebelfee

Es ist November, und über dem großen Fluss hängt dichter Nebel. Schiffe tuten. Am Hafen ist ein Hochhaus wie in Watte gepackt. Drinnen haben die meisten Leute rote Nasen und schlechte Laune, denn sie haben Schnupfen.

Hatschi!

»Gesundheit!«, sagt eine kleine Nebelfee, die vor den Fenstern schwebt. Aber kein Mensch kann sie sehen. Sie ist in einen langen, nebelgrauen Schal gewickelt und hat auch Schnupfen. Hatschi!

»Gesundheit!«, krächzt eine alte Nebelkrähe. »Putz dir sofort die Nase!«

»Aber das brennt so«, schnieft die kleine Fee. Ihr Näschen ist vom ewigen Abwischen mit dem Taschentuch schon ganz rot und wund. Und ihr Herz ist traurig, und der Kopf tut auch weh.

Hatschi!

»Gesundheit!«, wispert eine leise Stimme. Sie gehört einem kleinen Sonnenstrahl, der es durch den dichten Nebel geschafft hat.

»Achtung!«, krächzt die Nebelkrähe. »Wenn die Sonne durch den Nebel bricht, wirst du vergehen. Die Sonne schleckt dich weg wie eine Tüte Eis. Versteck dich, kleine Fee! Am besten in meinem Nest. Schnell!«

Die kleine Fee zischt hinter der Nebelkrähe her und schlüpft in ihr Nest auf einer Ulme. Aber das ist so schlampig gebaut, dass immer mehr Sonnenstrahlen hindurchdringen.
»Hilfe«, ruft die kleine Fee. »Jetzt muss ich vergehen. Hatschi!«
»Gesundheit!«, kichern die vielen kleinen Sonnenstrahlen, die durch die Lücken im Nest schlüpfen und die Nebelfee kitzeln. Sie zupfen an ihrem langen Schal, bis er immer kürzer wird und seine Fäden aus der Ulme schweben.

Da wird der kleinen Fee ganz warm und wohl zumute. »Juhu, ich bin gar nicht vergangen«, ruft sie fröhlich. »Und der Schnupfen ist auch weg.«
»Wer hätte das gedacht«, krächzt die Nebelkrähe überrascht. »Wie hübsch du bist ohne diesen grauen Schal.«
»Ja«, lachen die Sonnenstrahlen. »Und deswegen heißt du jetzt auch nicht mehr Nebelfee, sondern Sonnenfee.«

Rita und Rudi

»Hallo, Rudi«, sagt Rita. »Was machst du da?«
»Das siehst du doch«, sagt Rudi, die Raupe, mit vollem Mund. »Essen. Ich hab tierischen Hunger.«
Rudi mampft ein Blatt nach dem anderen, ritsch, ratsch.
Rita, die klitzekleine Gartenfee, die Flügel wie ein Schmetterling hat, langweilt sich. »Hör auf, Rudi. Ich will mit dir spielen.«
Rudi Raupe rülpst. »Spielen? Nein, dazu bin ich viel zu faul.«
Aber Rita gibt keine Ruhe: »Komm, wir klettern. Wer als Erster auf dem Baum ist.«
Aber Rudi will nicht mitmachen, weil er nur so kurze Raupenbeine hat. »Das ist unfair.«
»Stimmt!«, gibt Rita zu. »Weißt du was? Du kriegst einen Vorsprung. Achtung, fertig, los!«
Rudi Raupe kriecht, so schnell er kann, den Baum hinauf. Er schnauft und

schwitzt. Aber er klettert weiter. Doch beim ersten Ast biegt er ab. »Es reicht«, stöhnt er.
»Du bist Erster«, sagt Rita und lacht. Sie setzt sich auf den Ast und lässt die Beine baumeln. »Du hast gewonnen.«
»Prima«, sagt Rudi. Dann gähnt er. »Ich bin so furchtbar müde.« Er hängt sich mit einem dicken Seidenfaden an den Ast. »Damit ich beim Schlafen nicht runterplumpse«, murmelt er noch. Und dann verwandelt er sich vor den Augen der Gartenfee: Rudi verliert seine Raupenhaut und wird zu einer glänzenden, harten Kapsel, zu einer Puppe.
Rita besucht sie oft. Sie wundert sich, was innen drin wohl vor sich geht. Und eines Tages bricht die Schale auf, und ein wunderschönes Wesen schlüpft heraus. Es reckt und streckt sich und faltet seine Flügel auseinander.
»Rudi!«, sagt Rita glücklich. »Jetzt kannst du fliegen.«
»Wirklich?«, sagt Rudi. Und dann fliegen beide in den Frühling hinein, Rudi, der Schmetterling, und Rita, die klitzekleine Gartenfee.

Karli Kürbiskobold

Eines Abends bringt Timos Mama einen Kürbis mit. Timo will gleich eine Laterne daraus schnitzen, so wie die im Kindergarten.
Mama schneidet den Deckel vom Kürbis ab, dann geht sie ins Bad. Timo darf mit einem Löffel die Kerne aus dem Kürbis holen.
Plötzlich macht es plopp, und ein kleines Kerlchen sagt: »Hallo, ich bin Karli, der Kürbiskobold.«
Karli hat rote Haare, und sein Overall ist gelb wie eine Kürbisblüte. »Und das da«, sagt er und tippt an Timos Kürbis, »ist mein Lieblingskürbis.«
»Meiner auch«, meint Timo. »Ich schnitze ein Gesicht hinein. Eins zum Fürchten.«
»Warum?«, fragt Karlchen.
Aber da kommt Mama wieder und macht das Licht an, weil es dunkel geworden ist. Plopp, ist der Kürbiskobold verschwunden.

Dann gibt es eine leckere Kürbissuppe, und danach muss Timo ins Bad zum Zähneputzen und Schlafanzuganziehen. Als er wieder in die Küche kommt, hat Mama dem Kürbis ein freundliches Gesicht geschnitzt. Na, so was!
Timo springt ins Bett, und weil er sich im Dunkeln fürchtet, macht Mama zum Einschlafen das große

Licht an. Der Kürbis kommt auf sein Fensterbrett. Mama stellt ein Teelicht hinein und zündet es an. Jetzt leuchtet der Kürbis, aber irgendwie nicht richtig.
»Soll ich vielleicht das große Licht wieder ausmachen?«, fragt Mama. Timo nickt tapfer. Mama gibt ihm einen Kuss, sagt Gute Nacht und geht ins Wohnzimmer.

Jetzt leuchtet der Kürbis hell und lacht übers ganze Gesicht. Plopp, da ist der Kürbiskobold wieder da. Timo und Karli quatschen noch ein bisschen, und dann schläft Timo auch schon ein. Ganz ohne Angst. Er ist ja nicht allein. Karli Kürbiskobold schnarcht auf der Fensterbank, gleich neben seinem leuchtenden Kürbis.

Die Feenmütze

Im grünen Irland lebten einst drei alte Feen. Einmal gingen sie zum Markt, um dort Wolle zum Spinnen und auch Socken, Strümpfe, Schals und Mützen zu verkaufen. Da kam der junge Hans daher und wollte eine Mütze. Er fragte: »Was kostet die?«
»Was du gerne gibst«, sagte die erste Fee.
»Nicht zu viel«, meinte die zweite.
»Und nicht zu wenig«, sagte die dritte.
Hans war geizig, deshalb sagte er: »Geld gebe ich nicht gerne her.« Damit setzte er die Mütze auf und ging einfach davon.
Das ärgerte die drei alten Feen sehr, deshalb sprachen sie einen Zauber über die Mütze, und von da an war Hans unsichtbar.
Hans merkte es bald. Zuerst gefiel es ihm. Unsichtbar sein war toll. Er konnte sich alles nehmen, ohne zu zahlen. Zuerst klaute Hans ein Brot, dann eine Wurst. Schließlich bekam er Durst, und er wollte sich im Gasthaus zu den anderen an einen Tisch setzen. »Rückt mal ein bisschen«, sagte er. Aber niemand sah ihn, keiner hörte ihn. Und Platz bekam Hans auch keinen. Da nahm er sich einfach den nächsten Becher und trank. Aber da fing die Mütze an zu beißen. Hans konnte an ihr ziehen und reißen, so fest er wollte, sie ging nicht mehr ab. Da lief er aus dem Gasthaus und fing an zu weinen.
Die drei alten Feen lachten laut. Das hörte Hans und rannte zu ihnen. Jetzt wusste er, was er zu tun hatte. Er öffnete seinen Geldbeutel und zahlte für die Mütze mit blanken Talern. Nicht fünf, das war zu viel, nicht zwei, das war zu wenig. Drei Taler, das war genau richtig. Dann gab er jeder der alten Feen einen Kuss, insgesamt drei, und das war auch genau richtig.
Die Feen freuten sich und erlösten

Hans vom Mützenzauber. Jetzt kratzte und biss sie nicht mehr, und die Leute konnten ihn wieder sehen. Sie riefen: »Hans, wo hast du bloß gesteckt?«

Wilma Waldfee

Die kleine Waldfee Wilma will spielen. Also fliegt sie zu den Ameisen. Aber die haben es viel zu eilig, und bissig sind sie auch. Da fliegt Wilma zur Wiese am Waldrand. Dort beim Bach unter den Hecken leben ein paar Schnecken.

»Kommt, wir spielen Verstecken«, ruft die kleine Waldfee. »Ich zähle bis hundert.«

»Na gut«, meinen die Schnecken. Doch Wilma findet sie gleich, denn die Schnecken verstecken sich immer nur im eigenen Haus. Jetzt ist Wilma dran. Sie zwängt sich in ein enges Mauseloch. Als sie schließlich wieder aus dem Loch herauskriecht, knickt ihr ein Flügel ab. »Aber wie komme ich jetzt nach Hause?«, fragt sie die Schnecken. »Zum Gehen ist der Weg viel zu weit.«

Inzwischen dämmert es schon.

»Schuhu!«, ruft da eine Eule.

»Juhu!«, schreit Wilma und winkt. »Hier bin ich.« Sie kennt die Eule, weil sie eine gute Freundin ihrer Mutter ist.

»Du solltest um diese Zeit schon längst im Bett sein«, sagt die Eule, während sie landet.

Wilma darf auf den Rücken der Eule steigen und sich in ihre weichen Federn kuscheln. Dann fliegt die Eule los. Sie schwebt über den Bach und die Wiese, über die Wipfel des Waldes bis zu Wilmas Zuhause. Da steht schon ihre Mutter.

»Wo warst du denn so lange?«

Aber Wilma sagt: »Mama, ich hab nur noch einen Flügel.«

»Das ist nicht weiter schlimm«, tröstet sie die Waldfeenmutter.

»Der Flügel wächst nach, genau wie ein Zahn. Bald wirst du wieder fliegen. Und jetzt schlaf gut, mein Schatz!«

Annabell und die Glockenblumen-Elfen

Die kleine Fee Annabell wohnte in einem alten Puppenhaus. Es war prächtig, aber viel zu groß für eine kleine Fee, und so fühlte sich Annabell manchmal sehr allein. Nun war Mittsommernacht gekommen. Im Lichte des Vollmonds schwebten Feen und Elfen über einer Blumenwiese. Sie wollten tanzen und fröhlich sein. Das wollte Annabell auch und flog hin. Aber da hörte sie unten im Gras jemand weinen, herzzerbrechend weinen. Annabell fand einen ganz kleinen Glockenblumen-Elf im taufeuchten Gras. Er war fast noch ein Baby.
»Was ist denn los?«, fragte Annabell.
»Mein Pa-pa-papa ist weg«, schluchzte das Elfenbaby.
»Wir werden ihn suchen und finden«, versprach die Fee und nahm den Kleinen auf den Arm. Sie flog über die Wiese und fragte alle Elfen und Feen, ob sie nicht einen Glockenblumen-Elfenvater gesehen hätten.
Aber niemand wusste, wo er war. Plötzlich hörte Annabell, wie die leise Elfenmusik immer lauter wurde, und etwas klingelte wie ein Glockenspiel.
»Papa!«, krähte der Kleine. Annabell schwebte dem Klang entgegen. Und wirklich, sie fanden zehn Elfenkinder und ihren Vater. Alle trugen blaue Glockenblumen-Hüte, an denen Glöckchen bimmelten. Wie sie sich freuten, dass ihr Baby wieder bei ihnen war! Der Elfenvater tanzte die ganze Nacht mit Annabell. Die Elfenkinder flogen im Ringelreihen um sie herum. Am frühen Morgen waren alle todmüde.
»Warum kommt ihr nicht mit zu mir?«, fragte Annabell und gähnte. »Ich habe ein großes Haus mit vielen Bettchen. Dort könnt ihr schlafen.«

Gesagt, getan. Alle flogen zu Annabells Puppenhaus, und Annabell war glücklich. Es machte richtig Spaß, mit einem Glockenblumen-Elfenvater und elf Glockenblumen-Elfenkindern in einem großen, prächtigen Puppenhaus zu wohnen. Und so lebten sie noch viele, viele Jahre glücklich zusammen.

Dreimal wünschen

Pia wusste genau, was sie sich von einer Fee wünschen wollte, wenn sie mal einer begegnete: erstens schön sein, denn Pia fand sich hässlich, zweitens immer froh sein, denn sie war meistens schlecht gelaunt, und drittens fliegen, denn das machte bestimmt Spaß.
Eines Nachts, als der Mond einen hellen Strahl ins Kinderzimmer warf, rutschte eine Fee darauf herunter und landete direkt auf dem Teppich vor Pias Bett.
»Wie siehst du denn aus?«, sagte Pia und staunte.
Die Fee war klein und zerknittert, staubig und braun wie eine alte Kartoffel.
»Du bist nicht schön«, stellte Pia fest.
»Wie soll ich denn schön sein«, fragte die staubige Fee verdrießlich, »wenn niemand an mich glaubt.«

»Aber ich«, sagte Pia, »ich glaube doch an dich.«
»Na und?« Die Fee nahm Pia nicht ernst.
Da rief sie: »Aber ich möchte, dass du mir glaubst!«
Da machte es pling, und Pias erster Wunsch war erfüllt. Die Fee wuchs und wurde wunderschön. Sie hatte sogar einen hellen Stern auf der Stirn. Aber die Augen darunter waren traurig.
»Kannst du nicht lachen?«, fragte Pia. Sie erzählte der Fee ihren besten Witz, aber die verzog keine Miene.
»Verflixt noch mal«, rief Pia. »Jetzt lach doch!«
Pling, das war der zweite Wunsch, und die Fee lachte, aber wie!
»Na warte«, meinte Pia. »Meinen dritten Wunsch kriegst du nicht. Ich wünsche mir, ich wünsche mir ...«
Die Fee lächelte Pia liebevoll an: »Na, was denn?«
»Fliegen«, seufzte Pia. »Ich möchte fliegen und schön sein und froh. Geht das?«

Da nahm die Fee Pia in die Arme und flog mit ihr zum Fenster hinaus. Flog mit ihr durch die weite Nacht. Der Mond strahlte zwischen den Sternen.
»Schön bist du, kleine Pia«, sagte die Fee liebevoll. »Wunderschön.«
Da wurde Pia so froh zumute. Sie flogen bis zum Mond und zurück.
Am nächsten Abend kam die Fee wieder, und dann wieder und immer wieder.

Das Elfenei

Weil Sonntag ist, macht Max das Frühstück. Mama und Papa sind noch im Bett. Natürlich kann Max schon die Kaffeemaschine einschalten, Brot in den Toaster stecken und drei Eier in den Eierkocher legen. Als er den Tisch gedeckt hat, huschen seine Eltern gerade ins Bad. Mama ruft, dass Max ruhig schon mal anfangen könne. Max steckt die Eier in die Eierbecher und klopft seines mit dem Löffel auf.

»Was soll denn dieser Krach?«, piepst eine Stimme aus dem Ei. »Aufhören!« Und ein kleines Wesen mit dottergelben Wuschelhaaren klettert aus dem Ei heraus. »Puh, ziemlich eng, so ein Elfenei«, sagt es und streckt sich.
»Bist du eine Elfe?«, fragt Max.
Die Kleine nickt. »Ich bin eine Frühstückselfe. Und du bist ein Kind, nicht wahr?«
»Ja«, sagt Max und zupft vorsich-

tig ein Stückchen Schale aus ihrem Haar.
»Danke«, sagt die Elfe, breitet ihre Flügelchen aus und schwirrt um den Frühstückstisch. »Zucker fehlt noch«, sagt sie. Dann kurvt sie zum Fenster.
»Flieg doch nicht weg!«, ruft Max, während er die Zuckerdose holt. »Bleib da, ja?«
Die kleine Frühstückselfe kehrt zu Max zurück und landet auf seiner Schulter. »Soll ich dir ein Geheimnis verraten?«, flüstert sie in sein Ohr.
Max nickt.
»Nur du kannst mich sehen, niemand sonst.«
»Mama und Papa auch nicht?«, fragt Max.
»Nein, nur du«, sagt die Elfe.

Als Mama und Papa endlich zum Frühstückstisch kommen, sehen sie die kleine Elfe tatsächlich nicht. Und Max sehen sie auch fast nicht. Sie haben heute nur Augen füreinander. Sie klopfen ihre Eier auf, aber da sind keine Elfen drin, nur Eiweiß und Eigelb.
»Lecker«, sagt Mama. »Gut gemacht, Max!«, lobt Papa.
Dann ziehen sich alle schön an und machen miteinander einen Sonntagsspaziergang. Den mag Max sonst gar nicht. Aber heute fliegt die kleine Frühstückselfe voraus. »Fang mich doch!«, ruft sie.
Und Max rennt fröhlich hinter ihr her.

Fia, die Südwindfee

Heute hockt der Südwindriese mal wieder im Gebirge. Er beugt sich über die Gipfel und bläst warmen Wind in die Welt. Und die kleinen Südwindfeen fliegen zu den Menschen und treiben Unsinn mit ihnen. Fia, die kleinste Südwindfee, fliegt in den Kindergarten und bläst mit ihrem roten Miniföhn der Erzieherin, Frau Leiter, in die Ohren.

Da ruft Frau Leiter: »Fenster zu, Kinder, und macht nicht solchen Lärm!«

»Aber wir sind doch ganz leise«, sagt Marie. Paul knallt das Fenster zu.

Marie kann Paul nicht ausstehen. Er sagt immer Mäuse-Marie zu ihr, weil sie kleine Mäusezöpfchen hat. »Mäuse-Marie, Mäuse-Marie!«

Marie sagt immer Pipi-Paul zu ihm. »Pipi-Paul, Pipi-Paul!«

»Ruhe!«, schreit Frau Leiter.

Fia, die Südwindfee, kreischt vor Vergnügen.

Da bekommt Frau Leiter Kopfweh und schickt die Kinder zum Spielen nach draußen. Dort weht der warme Wind, und Fia surrt wie eine Wespe um die Kindergartenkinder. Sie bläst Paul und Marie die Mützen vom Kopf. Als Marie ihre einfangen will, hält sie plötzlich Fia in der Hand, und die kleine Südwindfee wird sichtbar.

»Lass los, du tust mir weh!«, ruft sie.
»Was hast du da?«, will Paul wissen. »So eine komische Puppe.«
»Bin ich nicht«, kreischt Fia. »Ich bin eine Südwindfee.« Sie pustet Paul mit ihrem roten Miniföhn heiße Luft ins Gesicht.
»Ist ja schon gut«, sagt Paul, und Marie lässt Fia wieder los.
»Danke«, sagt Fia und schaltet ihren Föhn aus. »Weil du mich freiwillig losgelassen hast, werde ich euch etwas schenken: Ihr sollt Freunde sein.«
Hui, und der Südwindriese aus den Bergen bläst Fia wieder fort.
»Ich hätte lieber tausend Euro gehabt«, sagt Paul.
»Ich auch«, meint Marie. »Pipi-Paul.«
»Mäuse-Marie«, sagt Paul automatisch. Und dann sehen sie sich an und müssen lachen und lachen und können gar nicht mehr aufhören. Als es ihnen doch gelingt, sind Paul und Marie die besten Freunde der Welt.

Tine Tollpatsch

Es war einmal ein Mädchen, das hieß Tine Tollpatsch. Wenn sie rannte, stolperte sie und fiel hin. Wenn sie die Ziege gemolken hatte, kippte der Milcheimer um. Wenn sie backen sollte, verbrannte das Brot im Ofen.
Ihr Vater rief: »Herrje, Tine Tollpatsch, du machst ja alles falsch. Was soll nur aus dir werden?«
Und ihre Mutter seufzte.
»Ich bin nun mal so ungeschickt«, sagte Tine traurig.
Einmal, als sie am Spinnrad saß, sprang ihr die Spindel aus der Hand und wirbelte aus dem Haus. Tine lief voller Angst hinterher. Was würde der Vater sagen? Tine rannte. Sie stolperte und plumpste in ein tiefes, schwarzes Loch. Aber sie landete auf etwas Weichem, Struppigem, auf einem Ungeheuer. Es brüllte erschrocken: »Wer stört meine finstere Ruhe?«
»Ich«, sagte Tine Tollpatsch. »Entschuldige, bitte!« Dann kraulte sie das Ungeheuer hinterm Ohr.
Das Ungeheuer war in Wirklichkeit eine Fee, die von einem bösen Zauberer verwunschen worden war. Nur wenn sie jemand streicheln würde, wäre sie erlöst. Bald schnurrte das Ungeheuer wie eine Katze. Tine streichelte und kraulte es, bis sein Fell glatt und sauber war. Da war es erlöst. Es wurde hell, und vor Tine stand plötzlich eine wunderschöne Fee mit grünen Katzenaugen.
»Du hast mich erlöst«,

sprach die Fee. »Zum Dank dafür gebe ich dir deine Spindel zurück.«
Tine rannte mit der Spindel in der Hand zu ihren Eltern nach Hause und stolperte dabei nicht. Sie fiel auch nicht über die Türschwelle. Und als sie Vater und Mutter erzählte, was sie erlebt hatte, und ihnen die Spindel zeigte, war der gesponnene Faden aus purem Gold.
Da freuten sich alle. Was Tine von da an auch anfasste, gelang. Bald hieß sie Tine Tüchtig.
Manchmal kam eine Katze mit grünen Augen vorbei. Tine gab ihr ein Schälchen Milch. Sie wusste, das war die Fee, die sie besuchen kam.

Die dreizehnte Fee

Als Dornröschen Königin werden sollte, kamen die zwölf Feen, die schon bei ihrer Taufe dabei gewesen waren. Sie wollten zur Krönung einen Kuchen backen, einen richtigen Königinnenkuchen.
Die erste Fee brachte Butter, die zweite Fee gab Zucker dazu, die dritte schlug zwölf Eier in die Schüssel. Sie rührten tüchtig, bis alles schaumig war. Inzwischen hatte die vierte Fee Zitronenschale gerieben. Die fünfte hatte die winzigen, schwarzen Duftkörnchen aus einer Vanilleschote geschabt. »Hinein damit!«, rief die erste Fee. Die sechste Fee hatte Mandeln gehackt, die siebte Rosinen mitgebracht, die achte Korinthen, die neunte Fee das Zitronat, und die zehnte zerkleinerte gerade gezuckerte Orangenschale.
Da stürmte die dreizehnte Fee in die Küche. Sie war zornig, weil ihre zwölf Schwestern sie nicht zum Mitmachen eingeladen hatten. Deshalb wollte sie den Ku-

chen verwünschen. Er sollte nicht aufgehen und schwarz im Ofen werden. »So schwarz wie meine Kleider«, rief sie. Da nahm die elfte Fee das Mehl und kippte es nicht in die Schüssel, sondern über die dreizehnte Fee. Jetzt war sie weiß, so weiß und hell wie der dreizehnte Vollmond im Jahr. Zuerst war es still in der Küche, dann kicherte die erste Fee, die zweite prustete los, und dann lachten alle hellauf, sogar die dreizehnte Fee. Die lachte sogar am lautesten. Dornröschen kam in die Küche gelaufen. Sie trug einen Stapel Kuchenteller. Der fiel ihr vor Schreck aus den Händen, als sie die Bescherung sah. Die Teller klirrten auf den Marmorboden. Aber keiner zerbrach, weil alle dreizehn aus Silber waren, aus leuchtendem Mondsilber.

Nun rührte die zwölfte Fee neues Mehl in den Kuchen, und die dreizehnte schob ihn in den Ofen. Alle freuten sich darauf, besonders Dornröschen und die dreizehnte Fee.

Am Teich

Nelli, die kleine Nixe, saß auf ihrem Seerosenblatt und langweilte sich. Die Sonne schien, das Schilf wisperte, und der Teich war spiegelglatt. Nichts rührte sich.
Doch da schwebte auf einmal etwas über dem Wasser. Nelli sah Flügel blitzen und einen Fisch aus dem Wasser springen. Er schnappte und tauchte in die Tiefe. Die kleine Nixe tauchte hinterher, sie wollte wissen, was der Fisch gefangen hatte.

Vielleicht eine Libelle? Nein, es war keine Libelle, es war eine Elfe mit schmalen Flügeln. Die Elfe kämpfte mit dem Fisch.
»Wirst du wohl loslassen!«, schimpfte sie und boxte ihn in die Kiemen. »Du Dussel, eine Elfe frisst man nicht!« Aber der Fisch hielt die kleine Elfe an den Flügeln fest.
Jetzt griff Nelli Nixe ein. Sie zog den Fisch an seiner Schwanzflosse, sodass er rückwärts durchs Wasser rauschte.

Seine Flossen sträubten sich, er öffnete vor Überraschung das Maul, und die kleine Elfe war frei. Es war höchste Zeit. Nelli packte sie, schoss wie ein Pfeil nach oben und hievte die kleine Elfe auf ihr Seerosenblatt. Wie sie hustete, nach Luft schnappte und Wasser spuckte! Dann sagte sie: »Ich heiße Elfi. Vielen Dank für die Rettung.«
»Gern geschehen«, sagte Nelli. »Und jetzt?«
»Bringst du mir das Schwimmen bei?«, sagte Elfi. »Bitte!«
»Wenn du mir das Fliegen zeigst«, sagte Nelli und lachte.
»Warum nicht«, meinte die Elfe. Sie liehen sich von einer Libelle die Flügel und von einem freundlichen Frosch Schwimmflossen für Elfi. Und dann übten sie.
Als der Fisch später zufällig vorbeischwamm, fielen ihm fast die Augen aus dem Kopf. Er sah eine Nixe fliegen und eine Elfe schwimmen. »Das gibt's doch nicht«, blubberte er.
»Doch, das gibt's«, lachte Nelli Nixe und flog fröhlich über ihren Teich. Jetzt war ihr nicht mehr langweilig, denn Elfi Elfe war ihre neue Freundin.

Der Zeitfresser-Kobold

»Schnell, Gunilla«, sagt Mama. »Mach schnell, wir haben keine Zeit!«
Nie hat Gunilla morgens genug Zeit für irgendetwas. Sie soll schnell aufstehen, sich schnell anziehen, im Bad nicht trödeln und schnell ihr Müsli essen.
Mama sagt: »Schnell, Gunilla! Sonst kommen wir zu spät in den Kindergarten.«
Gunilla beeilt sich ja. Sie schlüpft in ihre Schuhe und will sie selbst zubinden. Aber Mama hilft ihr, damit es schneller geht, und seufzt dabei: »Ich weiß gar nicht, wo die Zeit geblieben ist.«
Aber Gunilla weiß es: Die Zeit ist in der Kuckucksuhr. Da drin wohnt nämlich der Zeitfresser-Kobold. Der Zeitfresser-Kobold versteckt sich hinter dem Kuckuck. Wenn eine Stunde voll ist, geht das Türchen auf, der Kuckuck streckt den Kopf heraus und schreit »Kuckuck!«, und dann klappt das Türchen wieder zu. Danach kichert der Kobold. Gunilla hört es genau. Na warte, denkt sie.
Am andern Morgen steht Gunilla ganz früh auf. Sie läuft ins Wohnzimmer und macht das Türchen der Kuckucksuhr auf. »Komm raus, du Kobold!«, sagt sie. »Und gib die Zeit zurück!«
»Gerne«, sagt der Kobold. »Ich warte schon die ganze Zeit darauf.«

Gunilla staunt. »Ich dachte, du klaust uns die Zeit und frisst sie auf.«
»Tu ich auch«, gibt der Zeitfresser-Kobold zu. »Aber sie schmeckt mir nicht mehr, die Zeit. Ich hab sie satt bis obenhin.«
Gunilla überlegt. »Warte fünf Minuten!«, sagt sie. »Dann spiele ich mit dir. Aber ich muss mich erst anziehen.«
Der Zeitfresser-Kobold stöhnt. »Mach schnell!«
»Nein«, sagt Gunilla. »Gib mir Zeit. Du hast doch genug.«
»Na gut«, sagt der Kobold und grinst.
Gunilla putzt sich die Zähne, wäscht ihr Gesicht und zieht sich an. Dann geht sie zurück ins Wohnzimmer und spielt mit dem Zeitfresser-Kobold.
Und als es Frühstück gibt, ist immer noch genug Zeit für einen Kuss von Mama.

Tommy Trampel

Tommy trampelt durch den Wald. Er ist auf dem Heimweg. Auf dem Rücken trägt er ein Bündel Holz. Das hat er gesammelt, damit seine Mutter im Ofen Feuer machen kann.

Auf dem Weg durch den Wald gelangt Tommy an einen Ort, wo die Elfen wohnen. Dort ist alles still, kein Vogel singt. Nur unterm Farnkraut hört man leise die Feenquelle rieseln. Weil Tommy Durst hat, legt er sein Bündel ab und trinkt aus der Quelle. Aber er vergisst, sich für das Wasser zu bedanken. Tommy ist nicht undankbar, nur gedankenlos. Er ist auch nicht böse, nur unachtsam. Er tritt ein paar der Pilze kaputt, die im Kreis um die Quelle wachsen.

»So ein Lümmel!«, zischen die Elfen, die sich in den Bäumen ringsum versteckt haben. »Jetzt hat er unsere Stühle kaputt gemacht.«

Tommy sieht sich um. Die Son-

ne scheint schräg zwischen den Bäumen auf den grünen Farn. Da nimmt er einen Stecken und schlägt in die Farnwedel, als ob sie Feinde wären.
»Genug!«, schreit ein Elf. Das ist das Kommando. Die Elfen prasseln wie harte, grüne Tannenzapfen auf Tommy hinunter und werfen ihn zu Boden. »Schau mal, was du angerichtet hast, du Trampel«, ruft der Anführer der Elfen.
Tommy sieht plötzlich, wie hässlich das Farnkraut geknickt ist und die Pilze zerbrochen daliegen. Sogar die Quelle ist vor Schreck stumm geworden.
»Das wollte ich nicht«, ruft Tommy. »Nicht wirklich. Wie kann ich das wiedergutmachen?«
»Entschuldige dich!«, sagt der Elf. »Und versprich, dass du in Zukunft die Pflanzen im Wald weder zertrampelst noch schlägst.«
»Das verspreche ich«, sagt Tommy.
Dann heilen die Elfen den Farn und reparieren ihre Pilzstühlchen wieder. Tommy hört sogar die Quelle wieder lustig rieseln. Da dankt er für das Wasser, nimmt sein Holzbündel und verabschiedet sich von den Elfen. Schnell läuft er nach Hause, und nie wieder will er ein Trampel sein.

Die Fee Morgana

Im Morgenland lebte einmal ein Junge, der hieß Ali. Er war der Sohn eines Kaufmanns und sollte zum ersten Mal allein auf Handelsreise gehen. Als Ali seiner Mutter Lebewohl sagte, nahm sie eine Perle aus ihrer Kette, fädelte sie auf eine Schnur und hängte sie Ali um den Hals. »Diese Perle wird dich beschützen, mein Sohn«, sagte sie. »Verkaufe sie nie, sonst kehrst du nicht nach Hause zurück.«

Ali versprach es, dann zog er mit zwanzig Kamelen, beladen mit Samt und Seide, durch die weite Wüste. Einmal tobte ein Sandsturm Tag und Nacht, und Ali verirrte sich mit seiner Karawane. Er wäre fast verdurstet, wenn nicht plötzlich eine Oase hinter den Sanddünen aufgetaucht wäre. In der Mitte stand ein Palast, von Palmen beschattet und von einer Quelle umflossen. Es war der Palast von Morgana, einer mächtigen Fee.

Morgana schickte einen Diener aus, der Ali in den Innenhof geleitete. Die Dienerinnen bereiteten ihm ein Bad und führten ihn danach in Morganas Gemach, wo sie zusammen nach Herzenslust aßen und tranken.

»Du hast mich gerettet«, sagte Ali. »Was willst du zum Dank dafür? Ich habe Samt und Seide.«

Die Fee lächelte. »Ich will nur die kleine Perle an deinem

Hals. Und ich will sie bezahlen. Nenne deinen Preis!«
Ali erschrak. Er durfte doch die Perle nicht verkaufen, sonst würde er den Schutz seiner Mutter verlieren und nie mehr nach Hause zurückkehren. Aber wenn er sich weigerte, würde er den Zorn der mächtigen Fee auf sich lenken. Vielleicht verwandelte sie ihn in eine Maus. Da hatte Ali die rettende Idee: Er nahm die Perle vom Hals, reichte sie Morgana und sagte: »Ich schenke sie dir.«
»Danke«, sagte die Fee. »Und weil du so freigebig bist, sollst du in Windeseile zu Hause sein.«
Eine Stunde später umarmte seine Mutter ihren Sohn. Alis Kamelen waren nämlich Flügel gewachsen.

Hier wird fröhlich weiter vorgelesen:

Prinzessin Isabel beschließt, einen Tag mit ihrer Zofe Isla zu tauschen. Und plötzlich ist nicht nur die Langeweile verflogen, sondern Isabel findet auch eine neue Freundin. Prinzessin Chili veranstaltet im Schloss von Prinz Benjamin einen ganz schönen Wirbel, und Prinzessin Miranda wäre am liebsten eine richtige Piratenprinzessin.

Ingrid Kellner · Michaela Sangl
Kleine Prinzessinnen-Geschichten zum Vorlesen
Ab 3 Jahren · 32 Seiten · ISBN 978-3-7707-2913-5

Wer hat Angst vorm bösen Monster? Niemand! Zumindest niemand, der Mo-Mo Monster kennenlernt. Mo-Mo Monster ist nämlich kein bisschen gruselig. Auch die anderen Monster haben Wichtigeres zu tun, als Menschen zu erschrecken: Sie besuchen die Schule. Lassen Pupser los. Oder retten altes Spielzeug.

Christian Dreller · Barbara Korthues
Lustige Monster-Geschichten zum Vorlesen
Ab 4 Jahren · 48 Seiten · ISBN 978-3-7707-2373-7

Lust auf Piraten-, Feuerwehr- oder Tierkinderabenteuer? Entdecken Sie weitere Bücher aus unserer Reihe „Kleine Vorlesegeschichten“ für Kinder ab 2, 3 und 4 Jahren.
www.ellermann.de

ellermann
DER VORLESEVERLAG

Alles rund ums Thema vorlesen!
ellermann – der Vorlese-Verlag
www.ellermann.de
ellermann
DER VORLESEVERLAG
Suche
Zur Titelsuche
Navigation
Neuerscheinungen
Bilderbücher
Pappbilderbücher
Vorlesebücher
MAXI-Bilderbücher
Märchenbücher
Hausbücher
Beschäftigungsbücher
Sachbücher
E-Books
Fanartikel
Themen
Figuren & Reihen
Geschichten anhören
Specials
Tipps rund ums Vorlesen
Autoren
Tipps und Ideen rund ums Vorlesen
Liest du heute vor?
Ja! Nein? Vielleicht?
Tipps + Ideen rund ums Vorlesen
ellermann - der Vorleseverlag
Die schönsten Vorlesebücher für Kinder